MANUEL
DE
PHILOSOPHIE

PAR DEMANDES & PAR RÉPONSES

A L'USAGE

DES CANDIDATS AUX BACCALAURÉATS

ÈS LETTRES & ÈS SCIENCES

RÉDIGÉ SUIVANT LE NOUVEAU PROGRAMME

Par F. TEMPESTINI

PROFESSEUR DE PHILOSOPHIE

NEUVIÈME ÉDITION

Revue et comprenant des Notions d'Économie politique.

PARIS

LIBRAIRIE CROVILLE-MORANT

GENDRE ET SUCCESSEUR DE A. MORANT

RUE DE LA SORBONNE, 20, en face de la Sorbonne.

1892

OUVRAGES DU MÊME AUTEUR

Manuels par Réponses et par Demandes.

Manuel d'Histoire de la Philosophie...................	1 »
— des Auteurs philosophiques..............	1 »
— de Philosophie.............................	1 »
— d'Histoire de France, classe de 3e........	1 »
— d'Histoire de France, classe de 2e........	1 »
— d'Histoire de France, classe de rhétorique.................	1 »
— d'Histoire de France, classe de philosophie.................	1 »
— de Géographie	1 »
— d'Histoire de la littérature grecque et latine.................	1 »
— d'Histoire de la littérature française.....	1 »
— des Auteurs littéraires.......................	1 25
— de Composition latine.....................	1 »
— de Physique.................................	1 »
— de Chimie et Histoire naturelle...........	1 »

PRÉFACE

L'accueil bienveillant fait à ce Manuel engage l'auteur à lui donner toute la perfection possible. Cette nouvelle édition a été entièrement refondue et rédigée suivant le nouveau programme. MM. les candidats aux diplômes de l'enseignement classique ou de l'enseignement moderne y trouveront la réponse raisonnée à toutes les questions qu'on pourrait leur adresser ou qu'ils auraient à traiter en dissertation. Nous avons même fait connaître les théories les plus récentes de Hamilton, Stuart Mill, Herbert Spencer, Bain, etc. C'est donc, sous la forme la plus abrégée, un cours complet de philosophie. Puisse-t-il être utile, c'est le seul mérite que l'auteur ambitionne.

PROLÉGOMÈNES

1. — Qu'est-ce que la philosophie?

C'est, d'après Aristote, la *Science des principes et des causes*; d'après Cicéron, la *science des choses divines et humaines*; d'après Descartes, la *science des premiers principes*; d'après Bossuet, *la connaissance de Dieu et de soi-même*. On la définit encore : *la science de l'esprit*. Son origine est la *curiosité* qui porte l'homme à chercher la dernière raison de toutes choses.

2. — Quelle est son importance?

Elle résulte : 1° de son objet, le plus noble qu'on puisse étudier ; 2° de son utilité : elle est le principe, le moyen et la fin de toutes nos connaissances.

3. — Quelle est sa méthode?

1° Dans un sens général, les uns veulent qu'on s'appuie sur *l'individu* seul (Descartes); les autres sur *l'autorité* (Lamennais) ; la vérité est que l'individu fait la découverte, mais que la société la contrôle (Voltaire). 2° Dans un sens particulier, on se sert tantôt de la méthode *déductive*, quand on a les principes ; tantôt de l'*expérimentale* ou *inductive*, quand on ne possède que les faits ou les conséquences. (Voir question 147.)

4. — Quels sont les rapports réciproques de la philosophie et des sciences?

La philosophie donne aux sciences des notions premières (*étendue, force, temps, cause*, *substance*, etc.), des principes (d'*identité*, de *contradiction*, de *causalité*, etc.), une méthode (déductive, inductive, analogique). Les sciences lui fournissent des moyens d'observation, des contrôles, des preuves.

5. — Qu'appelle-t-on philosophie d'une science ?

C'est : 1° la recherche des notions, des principes, de la méthode de cette science ; 2° la loi générale qui résume ses lois particulières ; 3° l'étude des rapports qu'elle contient avec toutes les autres.

6. — Quelles sont les parties de la philosophie ?

La Psychologie, la Logique, la Morale, l'Esthétique, la Métaphysique, et l'Histoire de la philosophie, rangées dans l'ordre adopté aujourd'hui, bien qu'au fond il soit assez indifférent.

7. — N'a-t-on pas nié la philosophie ?

Oui, d'après le criticisme contemporain (Renan), elle ferait partie de toutes les sciences, sans être une science. Cette assertion est vraie, mais incomplète, puisque la philosophie a un objet, comme toute autre science.

PSYCHOLOGIE

8. — Qu'est-ce que la Psychologie ?

C'est l'étude *directe* des phénomènes internes et celle *indirecte* de l'âme faite par elle-même. Elle se divise en psychologie rationnelle et en psychologie expérimentale.

9. — Se confond-elle avec la *Physiologie* ?

Non, la Psychologie étudie les phénomènes de la vie spirituelle ; la Physiologie, les phénomènes de la vie organique.

10. — Ces phénomènes sont-ils les mêmes ?

Non. Les premiers sont conscients, ils échappent aux sens, au temps, à l'espace, dépendent en partie de la volonté ; les seconds sont inconscients, sensibles, dans le temps et l'espace, et non soumis à la volonté ; cependant les uns et les autres ont une influence réciproque, et ils doivent être étudiés ensemble.

11. — Quelle est la méthode de la Psychologie expérimentale ?

La méthode d'observation et, avec certaines précautions, la méthode d'expérimentation ; c'est le moyen direct.

12. — Cette observation est-elle facile ?

Non : 1° il est difficile de rentrer en soi-même ; 2° ce qu'on y observe est fugitif (la colère) ; 3° ce n'est jamais simple ; 4° on a une tendance à généraliser ce qui est quelquefois particulier.

13. — Quels en sont les avantages ?

1° Elle se pratique en tous temps ; 2° elle est immédiate ; 3° elle est infaillible, car pas d'observation sans objet d'observation.

14. — Quelles sont les sources d'information du psychologue ?

Les langues, les institutions humaines, l'histoire, les moralistes. C'est le moyen indirect.

15. — Qui est-ce qui fait cette observation ?

La conscience, ou perception interne, faculté qui nous met en rapport avec tout ce qui se passe en nous. C'est proprement l'âme, en tant qu'elle s'examine elle-même. (Voir question 43.)

16. — Que nous dit la conscience ?

Qu'il se passe en nous un nombre considérable de phénomènes, qui, en raison de leurs caractères communs *(plaisir et douleur, connaissance, mobilité physique ou morale, effort)*, peuvent se ramener à trois catégories. D'où elle conclut que nous avons trois facultés : *sensibilité, intelligence, activité.*

17. — Ces facultés agissent-elles séparément ?

Non, leur action est simultanée ; mais on attribue le phénomène à celle dont l'action est la plus considérable.

18. — Dans quel ordre se manifestent-elles ?

La sensibilité commence, puis l'intelligence, enfin l'activité volontaire. Elles disparaissent dans le même ordre.

19. — A quoi servent ces facultés ?

L'intelligence montre le but ; la volonté s'y dirige ; la sensibilité avertit qu'on est dans la bonne ou mauvaise voie.

SENSIBILITÉ

20. — Qu'est-ce que la sensibilité ?
La faculté à laquelle se rattachent les phénomènes de plaisir ou de douleur.

21. — Quels sont ses caractères ?

Elle est *passive*, en tant qu'elle reçoit le phénomène ; *fatale*, elle ne peut s'y soustraire ; *personnelle*, elle varie avec les individus, le temps ; *subjective*, sans rapport avec la cause du phénomène. Cependant elle est encore active, car elle suppose une réaction à l'impression reçue.

22. — Quel est le domaine de la sensibilité ?

A elle se rattachent les sensations et les sentiments, les appétits, les instincts, les inclinations, les affections et les passions.

23. — Qu'est-ce qu'une sensation ?

C'est un phénomène de plaisir ou de douleur excité par un objet physique ; elle suppose l'impression (condition physique), sa transmission au cerveau (condition physiologique), et une certaine réaction (condition psychologique).

24. — Y a-t-il des sensations indifférentes ?

Il y a des philosophes qui prétendent que les sensations de la vue et du toucher sont indifférentes, mais ils ne l'ont pas prouvé.

25. — Qu'est-ce qu'un sentiment ?

C'est un phénomène de plaisir ou de peine excité par un objet moral ou intellectuel ; elle suppose une sensation préalable.

26. — Quel est le moyen de l'une et de l'autre.

Les sens et leurs organes, qui sont nécessaires, *directement*, à la sensation, *indirecte-*

ment, au sentiment. (Observer que les sens ne sont pas les organes).

27. — Qu'est que l'appétit ?

La tendance de l'animal à satisfaire un de ses besoins. Chez l'homme, il est *naturel* (le besoin de manger, de boire, d'agir, de se reposer), ou *factice* (le tabac, liqueurs, etc.). Ses lois sont : d'être commun à l'homme et à l'animal, intermittent, précédé de malaise, accompagné de plaisir, suivi de dégoût.

28. — Qu'est-ce que l'instinct ?

Un stimulant *(enstizo)*. C'est le nom générique que l'on donne aux penchants, aux inclinations, et même aux appétits.

29. — Combien y a-t-il d'espèces d'instincts ?

1° Les instincts de l'homme en tant qu'animal ; 2° les intincts de l'homme en tant qu'être moral.

30. — Qu'est-ce que l'instinct animal ?

Un ensemble de mouvements spontanés, coordonnés au même but. Ils sont aveugles, parfaits, infaillibles, immobiles, spéciaux, uniformes.

31. — Quels sont les instincts animaux ?

1° Instincts relatifs à la conservation de l'individu ; 2° instincts relatifs à la conservation de l'espèce ; 3° instinct de société.

32. — Quel est l'origine de l'instinct ?

1° Pascal veut que ce soit une habitude première ; 2° Darwin et les transformistes, le résultat des efforts successifs des générations (hérédité) ; 3° il est probable que l'instinct est inné, mais qu'une sensation le réveille.

33. — Quels sont les instincts moraux ?

Ils se confondent avec les inclinations et les affections de l'âme. Ce sont des mouvements naturels qui nous portent vers ou nous éloignent d'un objet.

34. — Classez-les ?

1° Inclinations ou affections personnelles ou intéressées : l'amour de notre propre excellence (amour propre), de liberté, de propriété, l'instinct d'imitation, d'émulation, d'ambition et les instincts de curiosité, de véracité, de croyance ; 2° inclinations altruistes ou désintéressées, quoi qu'en disent la Rochefoucauld et Hobbes : telles que les inclinations philanthropiques, corporatives, (amour de la Patrie, du drapeau), électives (amour, amitié), de famille, enfin supérieures, ou amour du vrai, du bien, du beau, de l'ordre, etc.

35. — Qu'est que la passion ?

1° La faculté d'être ému : elle se confond avec la sensibilité ; 2° un mouvement impétueux de l'âme qui nous porte ou nous éloigne violemment d'un objet. En ce sens les appétits, instincts et autres peuvent devenir des passions sous l'influence de l'imagination ; 3° les différentes phases des inclinations.

36. — Classez-les dans ce dernier sens ?

1° L'amour, la joie, le désir ; 2° la haine, la tristesse, l'aversion ; 3° l'admiration et le mépris ; 4° l'espérance et la crainte ; 5° la sécurité et le désespoir ; 6° l'envie et la colère, etc.

37. — Les animaux ont-ils la sensibilité ?

On peut affirmer quatre choses des animaux : 1° qu'ils ont des sensations ; 2° qu'ils en conservent les images une fois reçues ; 3° qu'ils associent ces images ; 4° enfin qu'ils ont des appétits et des instincts. Ces quatre choses s'appellent *l'intelligence animale*.

INTELLIGENCE

38. — Qu'est-ce que l'intelligence ?

La faculté à laquelle se rattachent les phénomènes du connaître.

39. — Quels sont ses caractères particuliers ?

Elle est *passive*, elle reçoit le phénomène comme un miroir, et *active*, elle peut s'y porter par l'attention ; *fatale*, elle ne peut s'empêcher de le recevoir ; *objective*, elle suppose un objet ; *impersonnelle*, en ce sens que tous les hommes voient la même vérité quoiqu'à des degrés différents.

40. — Comment appelle-t-on son phénomène ?

Du nom général de connaissance, dont l'élément est l'idée.

41. — Comment se développe-t-elle ?

1° Par la famille et la société. Les quelques êtres qui ont pu vivre isolés, dès leur naissance, n'avaient ni intelligence ni moyen de la manifester ; 2° par ses propres efforts, quand elle est *adulte*.

42. — Que comprend l'intelligence ?

1° Les opérations de l'esprit qui fournissent la connaissance : *perception interne, perception externe, raison* ; 2° les opérations qui conservent la connaissance : *mémoire, imagination, association des idées* ; 3° les opérations qui opèrent sur la connaissance : *jugement, raisonnement, induction* ; 4° les opérations qui accompagnent les autres : *attention et comparaison, abstraction, généralisation*. Au fond ce n'est que l'intelligence prenant différents noms, selon le point de vue sous lequel on l'envisage.

43. — Qu'est-ce que la perception interne ?

C'est la fonction qui nous fait connaître ce qui se passe en nous. On l'appelle encore *conscience* et *sens intime*. Sens intime, quand elle est spontanée, conscience, quand elle est réfléchie.

44. — Quelle est sa certitude ?

Immédiate et absolue, subjective et objective. Elle suppose un spectateur et un spectacle.

45. — Quelles sont ses données ?

1° Le moi substance et cause, un, simple et identique ; 2° les facultés du moi ; 3° les opérations de ces facultés ; et 4° les états dans lesquels l'âme se trouve : savoir, ignorer, croire, douter, etc.

46. — Que nous fait-elle encore connaître ?

Indirectement, notre propre corps, et, comme elle est la condition nécessaire de toutes les facultés, les données mêmes de ces facultés (monde physique, monde métaphysique).

47. — Qu'est-ce que la perception externe ?

La fonction qui nous fait connaître le monde extérieur, par le moyen des sens.

48. — Quelle est sa certitude ?

Il faut admettre, avec l'école Ecossaise, qu'elle est immédiate et absolue, objective et subjective.

49. — Quelles sont ses données ?

1° Le tact nous fait connaître la résistance, l'étendue tangible (qualités premières des Ecossais) ; 2° la vue, l'étendue visible à deux dimensions et la couleur ; 3° l'ouïe, l'intensité, la hauteur et le timbre du son ; 4° l'odorat, les odeurs ; et 5° le goût, la saveur.

50. — N'a-t-on pas imaginé deux autres sens ?

Oui, le sens vital qui nous fait connaître les perturbations intérieures de notre corps ; et le sens musculaire qui s'applique à la résistance de haut en bas. Au fond c'est le tact sous des conditions différentes.

51. — Qu'est-ce que les perceptions naturelles et acquises ?

Les naturelles sont celles qui résultent de l'application des sens à leur objet ; les acquises, comme la distance, la grandeur, la profondeur, la qualité, etc., résultent de la mémoire et de l'expérience.

52. — Les perceptions sont-elles vraiment objectives ?

Les idéalistes le nient, cependant : 1° c'est

une croyance universelle ; 2° on ne peut faire que quatre hypothèses dont trois sont fausses : ou c'est le résultat de notre imagination, et cependant nous n'en sommes pas maîtres ; ou c'est Dieu qui nous les impose, et cependant nous pouvons nous y soustraire ; ou c'est le résultat nécessaire de notre nature, et cependant tous les hommes n'ont pas les mêmes perceptions ; ou les perceptions sont objectives, ce qui est la vérité.

53. — Qu'est-ce que la raison?

La raison (*sens commun* des Ecossais) est la fonction qui fait connaître le monde de l'absolu du nécessaire et de l'invariable. C'est encore la faculté du rapport.

54. — Quelle est sa certitude?

Absolue et immédiate, subjective et objective, quand elle *perçoit* ; subjective seulement, quand elle *conçoit* ; relative, quand elle ne fait que croire ; elle est *pure* ou *discursive*.

55. — Quelles sont ses données?

1° Les idées ou notions premières d'être, de substance, de cause, de fin, d'infini, de perfection, de temps, d'espace, de vrai, de bon, de beau, d'ordre ; 2° les vérités premières ou principes de substance *(tout phénomène suppose une substance)* ; de causalité et de fin *(tout ce qui commence a une cause et une fin)* ; de temps et d'espace *(tout phénomène se passe dans le temps et l'espace)* ; d'infini *(le fini suppose l'infini, l'imparfait suppose le parfait)* ; de vrai, de bon et de beau *(il y a un idéal de vérité, de bonté et de beauté)* ; d'ordre *(il y a de l'ordre dans l'univers, lequel se manifeste par des lois universelles et constantes)* ; 3° les principes métaphysiques des substances *(les mêmes modes supposent les mêmes substances)* ; des causes *(la cause est de même nature que son effet)*; d'intelligibilité *(pas de connaissances sans distinction)* ; d'identité *(ce qui est, est,* ou deux choses égales à une même troisième sont égales entre elles) ; de contradiction *(la même chose ne peut être et n'être pas en même temps).* Tous ces principes ne sont point le résultat de l'expérience et ne peuvent s'expliquer ni par l'association, ni par l'hérédité, comme le voudraient Stuart Mill et Darwin!

56. — La raison est donc antérieure à l'expérience ?

Non, toutes les facultés sont simultanées ; pas de raison sans expérience et pas d'expérience sans raison ; ou encore l'expérience suscite la raison ; la raison éclaire l'expérience ; cependant la raison est *logiquement* antérieure à l'expérience et *chronologiquement,* postérieure (Cousin).

57. — Quels sont les caractères des notions et des principes de la raison ?

Les notions sont claires, universelles, invariables ; les principes sont clairs, universels, invariables, irréfragables. L'ensemble s'appelle le *sens commun.*

58. — Qu'est-ce que la mémoire?

La faculté qui conserve les connaissances acquises ou pour mieux dire l'impression que les objets ont faite sur l'âme : *on ne se souvient que de soi-même* (Royer-Collard). Elle est passive et active. Ses qualités sont : facilité à apprendre, ténacité à conserver et promptitude à reproduire ; et ses lois : vivacité de l'impression ; répétition de l'impression ; attention, et association des idées.

59. — Quels sont les éléments du souvenir?

Un phénomène actuel (conception), la reconnaissance que ce phénomène a déjà eu lieu ; les notions d'identité, de temps et d'espace. La mémoire n'est que la *conscience continue* de notre identité.

60. — Quels sont les éléments de la réminiscence ?

Pour les uns c'est un phénomène actuel qui a lieu dans le passé ; d'autres y ajoutent la reconnaissance et l'identité.

61. — Combien y a-t-il de mémoires ?

Deux : la mémoire sensible et la mémoire intellectuelle qui fonctionne surtout par association d'idées ; de plus, la mémoire des lieux, des noms, des chiffres, etc.

62. — Qu'est-ce que l'imagination ?

La faculté : 1° qui conserve les images ; 2° qui les combine pour en former de nouvelles ; en ce sens, elle est créatrice.

63. — Quelle différence entre la mémoire et l'imagination ?

1° La mémoire conserve les idées, et l'imagination les images. Mais, comme il n'y a pas d'idée sans image, et *vice versâ*, ces deux facultés ne peuvent se passer l'une de l'autre ; 2° la mémoire *reconnaît*, ce que ne fait pas l'imagination ; enfin 3° la mémoire a pour objet des phénomènes *réels*, l'imagination, des phénomènes *possibles*.

64. — Combien y a-t-il d'espèces d'imagination ?

Les uns en comptent trois : l'imagination spontanée (présence d'esprit), l'imagination intellectuelle et l'imagination créatrice ; les autres, deux seulement : l'imagination reproductrice et l'imagination créatrice.

65. — L'imagination crée-t-elle réellement ?

Non, ce qu'elle forme est emprunté à la nature, et son travail consiste dans l'unité qu'elle met dans les images ; ce qui montre que dans l'imagination il y a la faculté de l'unité ou la raison.

66. — Qu'est-ce que l'association des idées ?

La faculté de rappeler les idées par le rapport qu'elles ont entre elles. Ces rapports sont 1° nécessaires : de substance à mode, de cause à effet, de fin à moyen, de principe à conséquence ; 2° accidentels : de contiguïté dans le temps et l'espace, de ressemblance, de dissemblance, etc., mais il est faux qu'elle explique toutes les facultés. Il faut d'abord un fonds sur lequel puissent s'associer les idées.

67. — Qu'est-ce que le jugement ?

La faculté de saisir le rapport entre deux

idées. Cette opération est primitive, et, dans la moindre idée concrète, il y a implicitement un jugement. *(Voir question* 125.) Le jugement contient trois termes : sujet, verbe et attribut ; le verbe exprime le rapport de convenance, la personne, le temps et le mode.

68. — Qu'est-ce que le raisonnement ?

La faculté de saisir le rapport entre deux idées éloignées, au moyen d'une troisième qui sert de terme de comparaison. *(Voir question* 130.) C'est la marche de l'esprit humain et son but est le jugement.

69. — Qu'est-ce que l'induction ?

La faculté d'étendre à tous les temps et à tous les lieux ce qu'on a observé dans un temps et dans un lieu ; elle s'aide de la mémoire et s'appuie sur la notion d'ordre que fournit la raison pure.

70. — Qu'est-ce que l'attention ?

La faculté de porter son intelligence sur un point plutôt que sur un autre ; elle appartient encore à l'activité.

71. — Quelles sont les espèces d'attention ?

L'attention externe, qui porte l'esprit du dedans au dehors, qui a besoin des sens, qui s'émousse avec eux ; l'attention interne ou *réflexion*, qui porte l'esprit du dehors au dedans, qui n'a pas besoin des sens, qui se fortifie par l'action. La première s'appelle, selon les cas, contention d'esprit, application, contemplation, examen, observation, expérimentation ; la seconde, rêverie, méditation.

La comparaison est un peu plus qu'une double attention.

72. — L'attention est elle nécessaire ?

Si nécessaire qu'aucune faculté ne pourrait s'exercer sans elle. Sans attention, pas d'instruction, pas de progrès, pas de *génie* (Buffon). Les fautes morales ne sont que des fautes d'attention.

73. — Qu'est-ce l'abstraction ?

La faculté de *séparer*. Or on peut séparer un objet d'avec d'autres objets ; on peut séparer un mode de sa substance ; on peut séparer un mode de plusieurs autres modes. Dans tous les cas, l'abstraction est nécessitée par la faiblesse de l'intelligence. Les sens sont des *machines* à abstraction.

74. — Qu'est-ce que la généralisation ?

La faculté de saisir entre plusieurs objets les ressemblances, sans tenir compte des particularités, et d'en former une réalité distincte, qu'on appelle idée générale. Elle sert à soulager la mémoire qui serait, sans elle, écrasée sous le nombre des connaissances à retenir, et satisfait à notre besoin d'unité. L'enfant commence par le particulier et finit par le général : l'homme fait le contraire.

75. — Pourquoi les langues sont-elles composées de mots généraux ?

Pour qu'on puisse comprendre le passé et le présent, et se faire comprendre de l'avenir. Autrement il faudrait changer à chaque instant les mots, les objets nommés changeant sans cesse.

76. — Qu'est-ce que l'idée ?

On la définissait autrefois la représentation d'un objet, une simple notion, l'élément de la connaissance, la vue de l'esprit ; c'est plutôt le résultat du jeu de toutes nos facultés, ou le produit de l'intelligence. *(Voir question* 120).

ACTIVITÉ

67. — Qu'est-ce que l'activité ?

La faculté à laquelle se rattachent les phénomènes de mobilité physique et morale ; en d'autres termes, c'est la vie. Elle se manifeste par l'instinct, (voir question 30), par l'habitude, par l'acte volontaire et par la liberté.

78. — Qu'est-ce que l'habitude ?

Le résultat de la répétition des mêmes actes. Elle rend l'acte plus facile ; elle émousse la sensibilité, mais fait naître le *besoin* ; rend plus lucide l'opération intellectuelle, mais produit la *routine* ; elle fortifie la volonté, c'est-à-dire qu'elle la fait se porter au bien ou au mal avec plus d'énergie. Il y a les habitudes passives et les habitudes actives ; puis les habitudes du corps, de la sensibilité, de l'intelligence et de la volonté.

79. — Qu'est ce que la volonté ?

Le pouvoir intérieur qu'un être intelligent possède de tendre sciemment à sa fin.

80. — Analysez l'acte volontaire ?

Cet acte suppose 1° une fin conçue par l'intelligence ; 2° des mobiles (sensibles) ou des motifs (intelligents) ; 3° la délibération ou l'examen des motifs ; 4° la détermination ; 5° enfin l'effort, ou commencement d'action.

81. — Quelle différence entre le désir et la volonté ?

1° Le désir (conséquence d'une sensation ou d'un sentiment agréable) est fatal, la volonté, libre ; 2° le désir peut avoir mille objets différents ; la volonté n'en a qu'un ; 3° le désir se peut prendre à l'impossible ; il n'en est pas ainsi de la volonté ; 4° le désir entraîne la volonté ; la volonté combat et dompte le désir.

82. — Qu'est-ce que la liberté ?

Le pouvoir de choisir les moyens pour arriver à sa fin. Ceux qui la nient se nomment *fatalistes*. Il y a le fatum des *payens*, le fatum des *mahométans*, le fatum des *prédestiniens*, le fatum des *chrétiens* (l'homme s'agite, Dieu le mène) et le *déterminisme* de Leibnitz.

83. — L'homme est-il libre ?

Oui : 1° la liberté, comme l'intelligence et la sensibilité, est un fait révélé par la conscience, avant, pendant et après un acte ; 2° les hommes ont cru de tout temps qu'ils étaient libres : les langues, l'histoire, la tradition le prouvent ; 3° les fatalistes agissent en pratique comme s'ils étaient libres ;

4° le fatalisme entrainerait la ruine de la société.

84. — Quelles objections fait-on contre la liberté ?

On dit : 1° que Dieu prévoyant les actions humaines, on ne peut les accomplir autrement qu'il ne les a prévues (*objection théologique*); 2° que l'homme agit sous l'influence des motifs, que le plus fort l'emporte, comme dans une balance (*objection psychologique*); 3° que l'homme agit conformément à son caractère et à son tempérament (*objection physiologique*).

85. — Que dire à la première objection ?

On répond : 1° que la liberté, d'une part, et la science divine, de l'autre, sont deux vérités qu'il serait absurde de nier parce qu'on ne peut les concilier; 2° que Dieu prévoit à la manière des astronomes dont la prévision n'a aucune influence sur le phénomène; 3° qu'à proprement parler, Dieu voit toujours dans le présent, ce qui pour nous est passé ou futur; 4° qu'il voit les actions comme elles sont, c'est-à-dire, libres.

86. — Que dire à la deuxième objection ?

On répond que c'est l'homme qui donne de la valeur aux motifs qui le font agir, bien loin d'en recevoir de l'influence; or, cette valeur, il la donne librement; d'ailleurs une liberté sans motif, ne serait pas une liberté.

87. — Que dire à la troisième objection ?

Le tempérament et le caractère nous poussent à un but particulier; mais la liberté choisit les moyens pour y arriver; et puis on peut modifier son tempérament et son caractère.

88. — Qu'est-ce qu'un individu?

C'est un être dont toutes les parties concourent à un centre commun : les minéraux ne sont pas des individus.

89. — Qu'est-ce qu'une personne?

Un être qui se possède, c'est-à-dire qui a conscience de lui-même, qui sait qu'il est intelligent et libre; les animaux n'ont pas de personnalité; ils ne se possèdent pas, ils sont possédés.

90. — Qu'est-ce que le moi humain?

C'est l'acte par lequel on se pose comme personne. Il nous est révélé par la conscience; il est faux que ce soit une collection de sensations ou d'états de conscience, comme le voudrait l'école associationniste.

91. — Qu'est-ce que l'identité?

La permanence à être ce qu'on est. C'est encore la conscience de cette permanence. La matière n'est pas identique; elle est variable à l'infini.

92. — Qu'est-ce que l'esprit?

C'est le principe sentant, pensant et voulant : c'est une substance spirituelle.

93. — Prouvez son existence?

1° Nous ne connaissons la matière et l'esprit que par leurs manifestations. Or ces manifestations sont contradictoires. La matière, en effet, se manifeste par l'étendue, l'impénétrabilité, la divisibilité, la variabilité et l'inertie ; l'esprit, par le sentiment, la pensée et la volition. Or, il est évident qu'il y a entre ces manifestations non-seulement différence, mais encore contradiction ; donc on est en droit de conclure qu'il en est de même entre les êtres manifestés (principe des substances) ; 2° le moi humain nous est révélé par la conscience comme un, simple et identique ; or la matière est essentiellement composée et variable ; 3° la cause est de même nature que son effet ; or la pensée, le sentiment, la volition est un, simple, identique, sans couleur, saveur, etc. donc, etc. ; 4° enfin impossible de concevoir les opérations de l'esprit sans unité et identité.

94. — Quelles objections fait-on contre la spiritualité !

On dit : 1° que le cerveau produit la pensée, comme les glandes produisent leurs humeurs respectives ; 2° que c'est une propriété de la matière que nous ne connaissons pas ; 3° que Dieu est assez puissant pour faire penser la matière (Locke) ; 4° enfin que la pensée dans le cerveau n'est que le mouvement transformé.

95. — Que répondre à la première objection ?

1° Que c'est une hypothèse sans preuve, à laquelle on peut en opposer une autre également explicative, savoir que le cerveau est l'instrument de l'âme ; 2° que la comparaison est fausse. Les glandes du corps produisent des résultats matériels ; la pensée, le sentiment, la volition ne le sont pas ; 3° que le produit des glandes est limité en plus et en moins, le cerveau peut contenir toutes les sciences ou n'en contenir aucune sans être affecté.

96. — Que répondre à la deuxième objection ?

Que la matière ne peut avoir de propriétés contradictoires, ce qui arriverait, si elle produisait la pensée (principe des causes).

97. — Que répondre à la troisième objection ?

Que Dieu ne peut produire l'impossible ; or, il est impossible que la matière pense.

98. — Que répondre à la quatrième objection ?

Qu'on fait une pétition de principe. Car il s'agit précisément de savoir si le cerveau est un simple *enregistreur* ou un *transformateur*.

99. — L'âme et le corps ont-ils des rapports entre eux ?

Oui, leur influence est réciproque : 1° la santé de l'âme (la vertu), comme sa maladie (le vice), se manifeste sur le corps; la maladie et la santé du corps se répercutent sur l'âme; 2° les passions de l'âme (la colère, l'envie, la luxure, la peur, etc.) ont un contre-coup sur le corps ; et réciproquement, l'âge, le sexe, la nourriture, les occupations, etc, influent sur l'âme : les excès du corps l'aliguent et l'épuisent ; 3° le sommeil, les songes, la folie, l'hallucination, l'ivresse, ne sont que le résultat des rapports de l'âme et du corps.

100. — Comment s'explique l'union de l'âme et du corps ?

Par quatre systèmes qu'on appelle l'influx physique, d'Euler ; les causes occasionnelles, de Malebranche ; les harmonies préétablies, de Leibnitz, et le médiateur plastique, de Cudworth.

101. — Exposez l'influx physique ?

Les impressions du corps se rendent, par le moyen des esprits vitaux, qui parcourent les nerfs, jusqu'au cerveau, et de là jusqu'à l'âme, et réciproquement. La difficulté est reculée, pas résolue.

102. — Exposez les causes occasionnelles ?

Dieu agit sur le corps à l'occasion des modifications de l'âme, et sur l'âme à l'occasion des modifications du corps. La liberté de l'homme paraît être amoindrie.

103. — Exposez les harmonies préétablies ?

L'âme et le corps se développent chacun de son côté, mais ces développements sont harmoniques et parallèles, comme deux horloges qui marquent la même heure, sans être mues par le même moteur. Ce système est invraisemblable.

104. — Exposez le médiateur plastique ?

Entre l'âme et le corps il y a une substance à la fois spirituelle et matérielle. Elle leur sert d'intermédiaire. Hypothèse absurde.

LOGIQUE

105. — Qu'est-ce que la logique ?

La partie de la philosophie qui étudie la vérité, et les moyens que nous avons d'y arriver. Elle se distingue de la psychologie : 1° En ce que celle-ci étudie l'intelligence telle qu'elle est ; celle-là, telle qu'elle doit être ; 2° la psychologie considère l'intelligence en elle-même ; la logique, dans son mouvement vers la vérité.

106. — Qu'est-ce que la vérité ?

Objectivement, c'est ce qui est ; subjectivement, c'est la conformité de notre jugement avec ce qui est.

107. — Quels sont ceux qui nient la vérité ?

Les sceptiques. Il y en a d'absolus et de relatifs. Ceux qui croient à la vérité s'appellent *dogmatiques.*

108. — Quels sont les arguments des sceptiques ?

1° L'ignorance : nous ne savons rien de rien ; 2° l'erreur, nous nous trompons sans cesse ; 3° les contradictions dans le temps et dans l'espace ; 4° enfin le *dialelle*, la raison ne peut se légitimer elle-même.

109. — Que peut-on répondre à cela ?

1° Les sceptiques sont-ils bien persuadés de ce qu'ils disent ? alors on peut savoir quelque chose ; 2° Si l'on admettait leur système, il n'y aurait plus ni sciences, ni art, etc., quelle conséquence! 3° Veulent-ils que nous ayons la science divine? 4° Toute leur argumentation consiste à passer du particulier au général : on ignore quelque chose, donc on ignore tout; on fait des erreurs, donc il n'y a que des erreurs; il y a des contradictions, donc il n'y a que cela : sophisme; 5° Quant à la raison, si elle est bonne pour attaquer, elle est bonne pour se défendre.

110. — Quel est le criterium ou caractère de la vérité?

On en a présenté quatre : le consentement universel (Lamennais), la véracité divine (Descartes), l'accord de la pensée avec elle-même (Aristote et Leibnitz), l'évidence, qui est le véritable.

111. — Qu'est-ce que l'évidence?

Objectivement, c'est l'intelligence même des choses; *subjectivement*, c'est la vue même de l'intelligence (*evidere*); selon la nature des vérités, l'évidence est physique, morale ou métaphysique; selon la facilité avec laquelle elle pénètre dans l'esprit, l'évidence est immédiate ou médiate.

112. — Y a-t-il des vérités plus ou moins évidentes?

Toute vérité est évidente par elle-même, seulement il faut avoir des yeux intellectuels pour la voir; souvent aussi l'état de la conscience morale augmente ou diminue l'évidence.

113. — Qu'est-ce que la certitude?

L'adhésion pleine et entière de l'esprit à

la vérité. Elle est physique, morale et métaphysique. Au fond, c'est toujours la même adhésion, et la certitude n'a pas de degrés.

114. — Dites les motifs de nos jugements.

Les motifs que nous avons pour arriver à la vérité sont : la perception externe, la perception interne, la raison, la mémoire et le témoignage des hommes.

115. — Qu'est-ce que le doute?

L'état de l'esprit placé entre la science et l'ignorance. Il ne peut et ne doit pas y rester ; aussi s'efforce-t-il de se faire une *opinion*, qui est un point d'arrêt dans la probabilité.

116. — Qu'est-ce que la probabilité?

L'état de l'esprit placé entre plus de motifs pour que de motifs contre. Elle est physique, morale et métaphysique ou mathématique, et admet une infinité de degrés.

117. — Quels sont les différents états de l'esprit par rapport à la vérité?

Il la voit, c'est la science; il ne la voit pas du tout, c'est l'ignorance; il la soupçonne, c'est le doute; il s'en approche, c'est la probabilité; il s'arrête dans la probabilité, c'est l'opinion; il accepte la vérité sur la parole d'autrui, c'est la foi ou la croyance.

118. — Tout homme peut-il arriver à la vérité?

Hamilton prétend que non (*Principe de relativité*). Beaucoup, selon lui, ne saisissent pas toutes les notions, en particulier celle de l'absolu. En fait, cela est vrai ; en droit, cela est faux. Toutes les intelligences sont de même nature; elles ne diffèrent que par le plus et le moins, résultat d'une foule de circonstances différentes.

119. — Quelles sont les principales opérations de l'esprit?

Concevoir, juger, raisonner et ordonner. La logique étudie donc successivement l'idée, le jugement, le raisonnement et la méthode; cette dernière partie est pratique; c'est la méthodologie.

DE L'IDÉE

120. — Qu'est-ce que l'idée?

C'est l'élément de la connaissance, ou, mieux encore, la vue de l'esprit (*Voir question* 76.) L'idée, telle que l'esprit l'a sans travail, renferme un jugement élémentaire. L'idée du logicien résulte de la décomposition d'un jugement; l'expression d'une idée s'appelle *terme*; on peut donc dire du terme ce que l'on dit de l'idée.

121. — Qu'est-ce que l'extension et la compréhension d'une idée?

L'extension est le nombre d'objets auxquels elle s'étend, et la compréhension, le nombre d'idées secondaires qu'elle contient. Le rapport de l'extension et de la compréhension est inverse; quand l'une augmente, l'autre diminue.

122. — Combien d'espèces d'idées?

Aristote en compte dix, qu'il appelle catégories. On les classe encore : 1° par rapport à leur objet : elles sont ou concrètes ou abstraites ; contingentes ou nécessaires ; positives ou négatives, etc., ; 2° par rapport à leur nature : générales ou particulières ; simples ou complexes ; 3° par rapport à leur origine, elles tiennent plus à l'expérience ou à la raison, quoique toutes les facultés contribuent à leur existence ; 4° par rapport au sujet, elles sont claires ou obscures, distinctes ou confuses.

123. — Qu'est-ce qu'une idée subordonnée, coordonnée, etc. ?

1° *Subordonnée*, quand elle a moins d'extension qu'une autre ; *coordonnée*, quand elle en a autant ; *équipollente*, quand elle a la même compréhension, etc.

124. — Qu'est-ce que classer, spécifier et définir une idée ?

La classer, c'est en indiquer le genre ; spécifier, c'est indiquer ce qui la distingue des autres espèces du même genre ; la définir, c'est en indiquer le genre et l'espèce.

DU JUGEMENT

125. — Qu'est-ce que le jugement ?

C'est l'affirmation d'un rapport ; il contient trois termes ou trois idées, Un sujet, un attribut et un verbe qui les unit. Le rapport est d'égalité ou de convenance ; l'expression du jugement s'appelle proposition.

126. — Tout jugement est-il comparatif ?

Logiquement oui, car il n'y a pas de rapport sans comparaison. En fait, il y a beaucoup de jugements spontanés. On les appelle *jugements intuitifs* : Je suis. (Cousin.)

127. — Quelles sont les espèces de jugements?

1° Par rapport à leur *nature*, ils sont *analytiques*, quand l'attribut est contenu essentiellement dans le sujet; *synthétiques* quand il n'y est pas contenu; 2° par rapport à leur *origine*, ils sont *à priori*, quand ils ne viennent pas de l'expérience; *à posteriori*, quand ils en viennent; 3° par rapport à leur quantité, ils sont *universels*, quand le sujet est pris dans toute son extension; *particuliers*, quand il n'est pas pris dans toute son extension; 4° par rapport à la *qualité*, ils sont *affirmatifs*, ou *négatifs*; 5° par rapport au *sujet*, ils sont *catégoriques*, c'est-à-dire sans condition; *hypothétiques*, c'est-à-dire avec condition; *disjonctifs*, quand deux attributs sont affirmés et niés tour à tour du sujet; 6° enfin, par rapport à l'objet, ils sont *apodictiques*, c'est-à-dire évidents; *assertoriques*, c'est-à-dire certains; *problématiques*, c'est-à-dire douteux.

128. — Comparés, que sont les jugements?

Ils sont : (A) *subalternes*, quand l'un est universel et l'autre est particulier : tous les hommes sont mortels, quelques hommes sont mortels; et alors, 1° la vérité du jugement universel entraîne celle du jugement particulier : la réciproque n'a pas lieu; 2° la fausseté du jugement particulier entraîne celle du jugement universel : pas de réciprocité ; (B) *contradictoires*, quand l'un nie ce que l'autre affirme : Socrate est un grand homme, Socrate n'est pas un grand homme ; alors il ne peuvent être ni vrais ni faux ensemble ; (C) *contraires*, quand les attributs sont incompatibles : tous les hommes sont saints, tous les hommes sont pécheurs ; alors ils ne peuvent être vrais ensemble ; mais ils peuvent être faux ensemble ; (D) *subcontraires*, quand deux jugements particuliers sont contradictoires ou contraires : quelques hommes sont pécheurs, quelques hommes ne sont pas pécheurs ; ou quelques hommes sont saints, quelques hommes sont pécheurs ; alors ils peuvent être vrais ou faux ensemble.

129. — Qu'appelle-t-on conversion des jugements ?

L'opération par laquelle, dans un jugement, on met le sujet à la place de l'attribut, et l'attribut à la place du sujet. Il faut prendre garde à ce que chaque terme ait, après la conversion, la même extension qu'auparavant. D'où : 1° un jugement universel affirmatif se convertit en jugement particulier affirmatif ; 2° un jugement universel négatif, en un jugement particulier négatif, etc.

DU RAISONNEMENT

130. — Qu'est-ce que le raisonnement ?

L'opération par laquelle on cherche le rapport entre deux idées éloignées, au moyen d'une troisième qui sert de terme de comparaison.

131. — Combien y a-t-il d'idées ou de termes dans un raisonnement ?

Trois, qui se distinguent par leur plus ou moins grande extension, savoir : le grand, le moyen et le petit termes.

132. — Combien de rapports dans un raisonnement ?

Trois ; le rapport du grand et du moyen termes ; le rapport du petit et du même moyen ; et le rapport du grand et du petit termes ; trois jugements, dont le premier s'appelle Majeure, le second, Mineure, le troisième, Conclusion.

133. — Comment appelle-t-on l'ensemble de ces trois rapports ?

Syllogisme. Le syllogisme est donc la forme explicite ou implicite de tout raisonnement, on dit encore que c'en est l'expression. Dans un syllogisme, les deux premiers rapports s'appellent encore prémisses.

134. — Combien de sortes de raisonnement ?

Le *déductif* qui descend du principe à la conséquence ; *l'inductif*, qui remonte des conséquences au principe ; *l'analogique*, qui conclut du semblable au semblable.

135. — Quel est le principe sur lequel repose la légitimité du syllogisme ?

Sur ce principe rationnel que si de deux choses, la première en contient une troisième, et que la seconde soit contenue dans cette même troisième, la première contient la seconde. En mathématiques, il se formule ainsi : deux choses, égales à une même troisième, sont égales entre elles.

136. — Quelles sont les règles du syllogisme données par les anciens ?

Les voici en latin :

1º Terminus esto triplex, medius, majorque minorque;
2º Latius hunc quam præmissæ conclusio non vult ;
3º Aut semel, aut iterum medius generaliter esto ;
4º Contineat medium nunquam conclusio fas est ;
5º Ambæ affirmantes nequeunt generare negantem ;
6º Utraque si præmissa neget, nihil inde sequetur ;
7º Pejorem sequitur semper conclusio partem ;
8º Nil sequitur geminis ex particularibus unquam.

137. — Expliquez ces règles ?

1º Il y a trois termes ; on les a indiqués plus haut ; 2º chacun de ces termes à une extension déterminée, qu'on ne doit pas changer ; 3º le moyen terme doit être pris au moins une fois généralement, autrement il pourrait y avoir quatre termes ; 4º la conclusion ne doit jamais contenir le moyen terme, car sa place est exclusivement dans les prémisses ; 5º deux propositions affirmatives ne peuvent engendrer une proposition négative : cela est évident ; 6º si les deux prémisses sont négatives, il n'y a pas de conclusion possible, car le principe dont nous avons parlé plus haut, n'a pas d'application ; 7º la conclusion est toujours de la même nature que celle des prémisses qui est de la pire espèce : négative ou particulière ;

8° on ne peut tirer de conclusion de deux propositions particulières.

138. — Dites les lois des modernes ?

Il y en a deux qu'il faut retenir : 1° la conclusion doit être contenue dans les prémisses ; 2° le moyen terme doit être pris dans un sens général au moins une fois. En voici encore une seule, de Condillac : il faut que la Majeure contienne la conclusion, et que la Mineure déclare qu'elle y est contenue.

139. — Qu'entend-on par figures et modes d'un syllogisme ?

La figure résulte de la place du moyen terme dans les prémisses. Il y en a quatre, puisque le moyen peut être sujet ou attribut dans la majeure et la mineure. Quant aux modes, ce sont les différentes combinaisons qu'on peut faire trois à trois avec des propositions universelles affirmatives ou négatives, particulières affirmatives ou négatives, pour former un syllogisme. C'est aux figures et aux modes que se rapportent les vers barbares, tels que : *Præ sub, sub præ, præ præ, tum denique, sub sub* ; et *barbara celarent, primi, darii, ferioque*, etc.

140. — Le syllogisme a-t-il plusieurs formes ?

Oui ; il est simple quand chacune des prémisses est à sa place respective ; composé, quand l'une contient l'autre. De là le syllogisme conjonctif, disjonctif, conditionnel, etc.

141. — Quelles sont les variétés de syllogisme ?

Ce sont : l'*Enthymème*, l'*Epichérème*, le *Prosyllogisme*, le *Sorite*, et le *Dilemme*.

142. — Expliquez ces termes ?

1° L'enthymème est un syllogisme dont on a retranché une des prémisses. Ses variétés sont l'exemple *(à pari, à fortiori, à contrario)*, l'induction, l'argument personnel ; 2° l'épichérème est un syllogisme dont chaque proposition est accompagnée de sa preuve ; 3° le prosyllogisme est la réunion de deux syllogismes dont la conclusion du premier sert de majeure au second ; 4° le sorite est une suite de propositions dont l'attribut de la première sert de sujet à la seconde ; l'attribut de la seconde, de sujet à la troisième, et ainsi de suite, jusqu'à ce qu'on réunisse le sujet de la première avec l'attribut de la dernière ; 5° le dilemme est une double proposition dont on donne le choix à l'adversaire ; quelle que soit celle qu'il choisisse, la conclusion est la même.

SOPHISMES

143. — Qu'est-ce qu'un sophisme ?

C'est un mauvais raisonnement fait de mauvaise foi. Fait de bonne foi, il prend le nom de paralogisme.

144. — Citez les principaux sophismes ?

L'ignorance du sujet ; l'ambiguïté des termes ; le cercle vicieux et la pétition de principe ; prendre pour cause ce qui n'est pas cause ; prendre pour vrai ce qui ne l'est pas ; passer du particulier au général, etc.

145. — Expliquez ces sophismes ?

1º Il y a *ignorance du sujet*, quand deux adversaires discutent sur un sujet qu'ils entendent de différentes manières : *Qui pro quo* ; 2º *ambiguité des termes*, quand on joue sur les mots à double entente ; 3º cercle vicieux, quand on donne en preuve ce qui a besoin d'être prouvé ; 4º on prend pour *cause ce qui ne l'est pas*, quand on attribue aux phénomènes de la nature, à une éclipse, par exemple, des conséquences qu'ils n'ont point, et ne peuvent avoir ; 5º on prend pour vrai ce qui ne l'est pas, quand on admet tout d'abord ce qui a besoin d'être prouvé ; 6º on passe du particulier au général, quand on applique au genre ce qui ne convient qu'aux espèces.

146. — Quelle est la cause et le remède de nos erreurs ?

1º D'après Bacon, la famille, le milieu où l'on vit, l'autorité, soi-même *idola specus, tribus, fori, theatri*) ; 2º d'après Malebranche, les sens, l'imagination, l'entendement, les inclinations et les passions ; d'après Port-Royal, l'intérêt, l'amour-propre, les passions ; en résumé, elles viennent de l'imperfection de nos facultés ; du mauvais usage que nous en faisons ; de nos préjugés, ou jugements vrais ou faux acceptés sans contrôle, et de nos passions. Le remède est : 1º de ne demander à nos facultés que ce qu'elles peuvent légitimement donner ; 2° d'éclairer nos préjugés, et de corriger ou, du moins, régler nos passions.

MÉTHODE

147. — Qu'est-ce que la méthode ?

L'ensemble des procédés qu'il faut employer pour arriver à la vérité ou pour la démontrer. Ces procédés sont invariablement *l'analyse et la synthèse.*

148. — Expliquez ces mots ?

1° L'analyse est la décomposition d'un tout en ses parties. Elle est abstraite, concrète, quantitative, qualitative, etc.; 2° la synthèse est la recomposition des parties dans le tout. C'est le travail inverse de l'analyse.

149. — Qu'est-ce qu'une science ?

C'est un ensemble de connaissances de même nature systématisées ; comme il y a trois sortes de connaissances, il y a trois sortes de sciences : les sciences physiques et naturelles, les sciences exactes, les sciences morales.

150. — Quel est l'objet de ces sciences ?

1° Les sciences physiques ont pour objet le monde physique, inorganique ; 2° les sciences naturelles, le monde physique, organique ; 3° les sciences exactes, le nécessaire réel ou possible, elles sont *exactes* parce que leurs principes sont absolus, leur méthode infaillible, leurs conséquences certaines ; 4° enfin les sciences morales ont pour objet l'homme, l'être essentiellement moral ; elles comprennent les sciences philosophiques, historiques, philologiques, et politiques.

151. — Indiquez la méthode de chacune de ces sciences ?

Pour les sciences physiques et naturelles, c'est la méthode expérimentale, pour les sciences exactes, la méthode rationnelle; pour les sciences morales, la méthode par analogie.

152. — Quels sont les procédés de la méthode expérimentale ?

La méthode expérimentale, qu'on appelle encore méthode d'investigation, analytique, à *posteriori*, inductive, comprend la division, l'observation, l'expérimentation, la classification, l'induction et l'hypothèse.

153. — Qu'est-ce que la division ?

La distribution d'un tout en ses parties tantôt *intégrantes*, le *totum*, tantôt *subordonnées*, l'*omne*. Elle doit être entière, opposée et pondérée.

154. — Qu'est-ce que l'observation ?

C'est l'examen d'un phénomène produit par la nature. Elle doit être patiente, impartiale, normale, raisonnée.

155. — Qu'est-ce que l'expérimentation ?

C'est l'examen d'un phénomène provoqué par l'homme. Elle comprend trois procédés essentiels qu'on appelle méthode de *concordance*, de *différence*, de *concomitance*, qui reviennent aux conseils de Bacon *(variatio, productio, inversio, translatio, compulsio, copulatio)*. Il faut remarquer qu'on ne peut expérimenter dans toutes les sciences, dans la cosmographie, par exemple.

156. — Qu'est-ce que la classification ?

La distribution des phénomènes en genres et en espèces. Elle se distingue de la généralisation en ce qu'elle opère sur des objets, la généralisation, sur des idées.

157. — Comment classe-t-on ?

En cherchant les ressemblances, et en groupant les phénomènes d'après ces mêmes ressemblances, qu'on appelle *principes de classification*. Ce principe doit être un, autant que possible, évident, pris dans la nature et essentiel.

158. — Combien y a-t-il de classifications ?

Trois sortes : 1° classification naturelle, quand le principe pris, dans la nature, est essentiel, intérieur et extérieur (de Jussieu) ; 2° classification artificielle, quand il est essentiel, mais seulement extérieur (Linné) ; 3° classification arbitraire, quand il est accidentel, et pour la commodité, comme un dictionnaire, une bibliothèque rangée d'après le format.

159. — Qu'est-ce que l'induction ?

C'est le procédé par lequel on étend à tous les phénomènes d'une même nature, les conditions qu'on a découvert être communes à quelques phénomènes. Ces conditions communes s'appellent *loi de la nature*. Les lois ne sont donc pas des causes. L'induction s'appelle encore improprement *analogie* et *conjecture*. (Voir plus bas, q. 168.)

160. — Quel est le problème de l'induction ?

Il consiste à se demander comment on peut passer légitimement du particulier au général, marche qu'on ne pourrait suivre dans les sciences morales.

161. — Quelle en est la solution ?

D'après les Ecossais, que les lois de la nature sont générales et constantes, ou encore qu'il y a de l'ordre dans l'univers; d'après les modernes, que les mêmes causes dans les mêmes circonstances, produisent les mêmes effets, ce qui ramène l'induction à une déduction.

162. — Qu'est-ce que l'hypothèse ?

C'est une supposition faite pour expliquer un phénomène. Elle doit être possible, vraisemblable et explicative. L'hypothèse est le principe du progrès : c'est le *comment* que s'adresse le savant en face d'un phénomène inconnu et qui le provoque à l'expérimentation.

163. — Comment l'hypothèse devient-elle une vérité ?

De deux manières : *directement*, quand l'observation vient la confirmer (l'anneau de Saturne, qui n'était d'abord qu'une hypothèse d'Huyghens); *indirectement*, quand on fait toutes les hypothèses possibles, que l'on détruit toutes, moins une; ce qu'on appelle raisonner par *l'absurde*.

164. — Quels sont les procédés de la méthode rationnelle ?

La méthode rationnelle, qu'on appelle

encore de démonstration, synthétique, *à priori*, déductive, emploie la définition, les axiomes et la démonstration.

165. — Qu'est-ce que définir?

C'est indiquer le genre et l'espèce d'un mot ou d'une chose. Il y a donc deux définitions, mais les règles sont les mêmes; elle doit être claire, brève, réciproque et contenir le genre prochain et la différence spécifique. Il est à remarquer que ce sont surtout les définitions qui sont fécondes dans les sciences démonstratives.

166. — Qu'est-ce qu'un axiome et un principe?

L'axiome est une vérité qui n'a pas besoin de démonstration; le principe est le point de départ d'une série de connaissances. Absolument parlant, il n'y a qu'un principe, fondement de toutes les connaissances humaines; relativement, il peut y en avoir autant que de séries différentes de connaissances. Dans ce dernier cas, le principe n'est qu'un axiome. Le principe doit être évident, universel, invariable, irréfragable. L'axiome a les mêmes caractères.

167. — Qu'est-ce que la démonstration?

Le procédé par lequel on tire les conséquences des axiomes, des principes ou des définitions. Sa forme est le syllogisme.

168. — Qu'est-ce que la méthode par analogie?

C'est celle qui procède de la ressemblance des effets à la ressemblance des causes, et *vice versâ*. L'analogie, comme la *conjecture*, est une espèce d'induction, seulement l'induction conclut du même au même ; l'analogie, du semblable au semblable ; la conjecture, de circonstances peu étudiées.

169. — Dans quelles sciences emploie-t-on l'analogie ?

Principalement dans les sciences qui ont l'homme pour objet, dans l'histoire, par exemple ; ce procédé n'est pas sûr, car il y a toujours un élément qui peut le démentir : la liberté.

CRITIQUE HISTORIQUE – TRADITION

170. — Qu'est-ce que la critique historique ?

L'art d'apprécier les faits et les témoignages de l'histoire ; elle a pour objet la tradition orale ou écrite.

171. — Que considère-t-on dans la tradition orale ?

Les faits et les témoins : 1° les faits, pour être historiques, doivent être *possibles, publics, appréciables*. Il n'est pas nécessaire qu'ils soient *vraisemblables* (le vrai peut quelquefois n'être pas vraisemblable); 2° les témoins, pour être crus, ne doivent être ni *trompés* ni *trompeurs*. Ce qui arrivera s'ils sont en grand nombre et s'ils ont des intérêts différents. Il va sans dire qu'il ne s'agit ici que de ce qui intéresse la société ; dans la vie particulière, on est moins exigeant.

172. — Que considère-t-on dans la tradition écrite?

L'*authenticité*, l'*intégrité*, la *véracité* : 1° un livre est authentique quand il est de l'auteur et de l'époque dont il porte le nom et la date; on s'en assure par le style de l'ouvrage, par ses principes philosophiques; par la contexture des faits parmi lesquels il ne doit rien y avoir de postérieur à l'époque et à l'auteur; par le témoignage des contemporains; 2° un livre est intègre quand il n'a pas subi d'interpolation grave; on s'en assure par la confrontation des manuscrits ou des éditions; par l'intérêt qu'il peut y avoir à empêcher toute interpolation; 3° un livre est véridique, quand il ne raconte rien que de vrai; on s'en assure par la connaissance du caractère de l'auteur, s'il est éclairé, honnête, impartial, quoique l'impartialité absolue soit impossible, car on raconte les faits comme on les voit, et on les voit nécessairement influencé par ses principes.

LANGAGE — GRAMMAIRE

173. — Qu'est-ce qu'un signe?

Un phénomène sensible, qui en fait connaître un autre qui ne l'est pas ou qui ne peut pas l'être.

174. — Qu'est-ce qu'un langage?

Un ensemble de signes qui font connaître ce qui se passe en nous; c'est-à-dire les faits de sensibilité, d'intelligence et de volonté. De là trois langages, le *naturel* qui manifeste nos sensations et nos sentiments ; l'*intellectuel* qui manifeste nos pensées ; et un autre qui n'a pas de nom, qui n'est autre que la conduite de la vie, et qui manifeste nos volitions.

175. — Parlez du langage naturel ?

Le langage naturel est celui qui manifeste nos sensations et nos sentiments par des sons inarticulés, par des gestes, par le jeu de la physionomie ; il s'appelle naturel, parce qu'il est instinctif, et que tous les êtres animés l'ont reçu de la nature.

175. — Parlez du langage intellectuel ?

C'est celui qui manifeste nos pensées. Il s'appelle artificiel, parce qu'il faut que l'homme l'apprenne pour s'en servir. Il faut entendre parler pour parler. Il comprend la parole et l'écriture, il se compose de sons articulés et de signes de convention.

177. — N'y a-t-il pas d'autres langages artificiels ?

Oui, tel que le langage des sourds-muets ; des diplomates (chiffré), de la télégraphie, etc.

178. — Quels sont les rapports du langage et de la pensée ?

Le langage sert : 1° à faire naître les pensées à volonté ; 2° à y mettre de l'ordre ; 3° à les fixer ; 4° à les résumer ; 5° à les déduire les unes des autres. En résumé le langage est un instrument d'*analyse*, de *synthèse*, de *mnémotechnie*.

179. — Qu'est-ce qu'une langue analytique et synthétique, abstraite et concrète ?

Une langue est analytique, quand elle décompose la pensée : *je me réjouis* ; elle est synthétique, quand elle l'exprime par un seul mot : *lœtor*. Elle est abstraite, quand elle n'exprime que des idées abstraites ou générales : *homme, pierre, plante* ; concrète, quand chaque mot exprime une idée concrète ou réelle : *Dieu*.

180. — L'homme a-t-il inventé le langage ?

Cela n'est pas probable. En fait, on voit l'homme toujours parler et écrire. En droit, l'homme a besoin de penser sa parole avant de parler sa pensée. D'ailleurs, le mécanisme d'une langue est si admirable, qu'on ne peut supposer que l'homme primitif et privé par conséquent de tous les moyens qui sont en notre pouvoir, ait pu l'imaginer, cependant l'école de l'évolution ne voit dans le langage qu'une efflorescence survenue fortuitement à un moment de sa durée ; et les associationistes que des successions de phénomènes dont les uns sont la *cause* des autres (Hamilton) ce qui n'explique rien.

181. — Qu'est-ce que la grammaire ?

L'art de parler et d'écrire une langue. Elle est générale quand ses règles s'appliquent à toutes les langues ; particulière, quand elle a rapport à une langue en particulier.

182. — Comment s'étudient les mots d'une langue ?

En eux-mêmes, c'est l'objet de la *lexicologie* ; dans leur union pour exprimer la pensée, c'est l'objet de la *syntaxe*. La lexicologie étudie la nature des mots, les radicaux, les désinences, les dérivations et la composition. Les mots, par leur nature, sont *substantifs* (nom, pronom, infinitif); *modatifs* (adjectif, adverbe, participe), ou *relatifs* (verbe, préposition, conjonction). Quand à l'interjection, il représente le langage naturel. Le radical est l'élément invariable et ordinairement primitif; à lui se trouve attaché le sens fondamental du mot. La désinence est la partie variable qui exprime les différentes modifications de genre, de nombre, de temps, de personnes, et les rôles que le mot joue dans le discours. Les dérivations sont les différents procédés propres à exprimer, avec le même radical, et par des combinaisons particulières à chaque langue, les sens approchés qui se rattachent au sens primitif. Enfin la syntaxe (composition) est la manière d'unir ensemble plusieurs mots pour exprimer une idée complexe.

183. — Que comprend la syntaxe ?

Les règles qui président à l'union des mots pour en faire des propositions et des phrases. Ces règles se distribuent en trois classes : 1° les règles qui président à l'union des substantifs et des modatifs (*syntaxe d'accord*); 2° les règles qui président à l'union des substantifs entre eux (*syntaxe de régime*); 3° les règles qui président à l'union des propositions ou des phrases entre elles (*syntaxe de subordination*).

184. — Qu'est-ce qu'une proposition et une phrase ?

La proposition c'est la phrase considérée sous le point de vue des idées ; la phrase c'est la proposition considérée sous le point de vue des mots qui la composent. De là, deux sortes d'analyses : l'analyse logique qui se rapporte à la proposition ; l'analyse grammaticale, à la phrase. Il n'y a qu'une analyse logique, parce ce que la pensée est la même chez tous les peuples. Il y a autant d'analyses grammaticales qu'il y a de langues.

185. — Combien y a-t-il d'espèces de propositions ?

Trois : propositions principales, propositions incidentes, propositions subordonnées. 1° La proposition principale est celle qui contient la pensée principale de l'auteur ; 2° la proposition incidente est celle qui explique ou détermine un mot de la proposition principale ; elle peut donc être explicative ou déterminative. Cette dernière seule est essentielle ; 3° la proposition subordonnée est celle qui dépend de toute la proposition principale. Les grammaires particulières indiquent de quelle manière elle se lie avec elle.

MORALE

186. — Qu'est-ce que la morale ?

La science des devoirs. Elle est générale ou particulière. *Générale*, elle traite : 1° de la *destinée* de l'homme ; 2° des *actes humains* par lesquels il peut y arriver ; 3° des *mobiles et motifs* qui les déterminent ; 4° de la *conscience morale* qui les apprécie ; 5° du *bien* et du *mal* qui les caractérise ; 6° de la *loi* qui les régularise ; 7° du *droit* et du *devoir* conséquence de la loi ; 8° de la *vertu* qui est l'habitude du devoir ; 9° du *mérite* ou du *démérite* résultat du devoir accompli ou méprisé ; 10° de la *sanction morale* conséquence du mérite et du démérite ; 11° enfin de la *vie éternelle* qui découle de l'insuffisance de la sanction terrestre. *Particulière*, elle traite des devoirs de l'homme dans les différentes circonstances de sa vie.

MORALE GÉNÉRALE

187. — Quelle est la destinée humaine ?

Le *bien-être*, c'est-à-dire le bonheur de l'homme par la perfection. Cela résulte de l'examen attentif : 1° de ses tendances de toutes sortes ; 2° de sa conduite quelle qu'elle soit ; 3° de ses conversations et de ses jugements qui ont toujours le *mieux* pour terme.

188. — Qu'est-ce qu'un acte humain ?

Un acte fait avec intelligence et liberté. On l'appelle encore moral, et cette moralité diminue dans la mesure de la liberté et de l'intelligence. Le caractère de l'acte humain est la *responsabilité*. L'homme libre est tenu de *répondre* de ses actes.

189. — Qu'est-ce qu'un mobile et un motif?

Un mobile est le penchant naturel et instinctif qui porte à agir. Le motif est le mobile conçu par l'intelligence et voulu par la volonté. Les principaux mobiles sont les appétits, les instincts, les affections, les passions qui se résument dans le *plaisir* : les principaux motifs sont l'*intérêt*, les *instincts moraux* et le *devoir*.

190. — Qu'est-ce que la conscience morale ?

La faculté complexe qui juge de la moralité des actes. Elle comprend : 1° un phénomène d'intelligence : on croit qu'il y a des actes bons ou mauvais ; que les actes bons sont à faire et les actes mauvais à éviter ; que les premiers méritent et les seconds déméritent ; 2° un phénomène de sensibilité : on a du plaisir, quand on fait bien ; des remords, quand on fait mal ; la persuasion que la volonté s'améliore ou se dégrade, selon qu'on agit bien ou mal. La conscience morale est donc le sommaire de l'être libre. Elle peut être *droite, erronée, douteuse, ignorante*.

191. — Qu'est-ce que le bien ?

Objectivement, c'est l'être en tant que substance, comme le vrai est l'être en tant qu'intelligible, et le beau, l'être en tant que rapport et lumière ; il se confond donc avec le vrai et le beau. Subjectivement, il faut distinguer trois biens : métaphysique, physique et moral : 1° le bien métaphysique est la quantité d'être d'une créature, le mal métaphysique est ce qui lui manque pour être infini ; 2° le bien physique est une harmonie entre nos forces et les forces de la nature, le mal physique est le contraire ; 3° le bien moral est la conformité de nos actions avec une règle invariable ; le mal moral en est la non-conformité.

192. — Tous les philosophes sont-ils d'accord sur cette règle ?

Non ; les uns la mettent dans le plaisir ; d'autres dans l'intérêt ; quelques-uns dans la sympathie ou dans l'antipathie de nos semblables ; le plus grand nombre dans le devoir.

193. — Donnez quelques détails sur ces règle de morale ?

Dans la morale du plaisir, le bien est ce qui est agréable soit au corps, soit à l'esprit (Epicure) ; dans la morale de l'intérêt, le bien est l'utile, d'où le nom d'utilitarisme (Helvétius, Bentham, Stuart-Mill) ; dans la morale de la sympathie, le bien est ce qui excite un sentiment bienveillant dans le cœur de nos semblables (Adam Smith).

194. — Quelle est la véritable règle ?

C'est la loi, que Cicéron définit : *Regula agendorum et omittendorum*, et qui est proprement l'expression de la volonté divine.

195. — La loi morale existe-elle ?

Oui, elle s'appuie : 1° sur le témoignage de la conscience, qui nous dit que les actes humains ne sont pas indifférents, que les uns sont bons et les autres mauvais ; 2° sur le témoignage de tout le genre humain, qui a toujours fait une appréciation différente des différentes actions humaines ; 3° sur la conduite des adversaires qui ne peuvent s'empêcher de faire eux-mêmes une distinction entre les actions humaines.

196. — Pourquoi alors n'y a-t-il pas unité dans la conduite des hommes ?

Parce qu'ils sont libres. L'unité de leur manière de voir sur les principes de la morale vient de la nature ; la variété de leur application vient d'eux-mêmes. C'est ainsi que les principes de la logique sont absolus, ce qui n'empêche pas beaucoup d'individus de mal raisonner.

197. — La distinction du bien et du mal ne serait-elle pas le résultat de la coutume ou de l'éducation ?

Non, car les coutumes, comme l'éducation, varient selon les peuples : les principes de morale sont invariables. D'ailleurs, qui aurait fait naître cette coutume et cette éducation, et qui aurait eu la puissance de les perpétuer intactes ? Cependant l'éducation est le moyen dont l'homme se sert pour les transmettre, comme elle transmet les vérités rationnelles. C'est toujours l'expérience nécessaire à la raison.

198. — Que produit la loi sur la volonté ?

Elle l'oblige ; l'obligation morale est donc l'effet de la loi sur la volonté humaine ; cet effet s'appelle le *devoir*, c'est-à-dire ce à quoi la volonté humaine est tenue par rapport à la loi : *debitum*.

199. — Cette loi est-elle de même nature que les lois physiques ?

Oui : 1° les unes et les autres sont, en dernière analyse, l'expression de la volonté divine ; 2° les unes et les autres nous sont connues par l'expérience ; 3° il y a cependant cette différence que la loi morale est proposée à l'homme, tandis que les lois physiques sont imposées à la nature.

200. — Quels sont les éléments de la loi ?

Un législateur, une promulgation et une sanction : 1° le législateur doit avoir le droit de commander et le pouvoir de se faire obéir. Dieu est le seul législateur ; 2° la promulgation est le moyen par lequel on fait connaître la loi. La promulgation de la loi morale, c'est la conscience morale (*Voir plus haut*) ; 3° la sanction, ce sont les peines et les récompenses attachées à la violation et à l'observation de la loi.

201. — Y a-t-il d'autres lois que la loi morale ?

Oui, les lois humaines qui ne doivent et ne peuvent être que la conséquence ou l'explication de la loi morale.

202. — Quels sont les caractères de la loi morale ?

Evidence, universalité, invariabilité et obligation. C'est en considérant ces caractères, qu'il est facile de montrer que la règle ou morale du plaisir, de l'intérêt, du sentiment, et toute autre, à l'exception de celle du devoir, n'est pas une règle de morale.

203. — Qu'est-ce que le droit et le devoir ?

Le droit est un pouvoir moral, le devoir,

une obligation morale. Or, tout pouvoir implique une idée de supériorité, comme toute obligation, une idée d'infériorité. Mais dans l'univers, il n'y a qu'un supérieur, donc Dieu a tous les droits, comme l'homme a tous les devoirs.

205. — Comment expliquez-vous les droits et les devoirs dans la société ?

Les hommes en société sont égaux et inégaux. Egaux, comme ayant la même essence; inégaux, comme ne jouissant pas des mêmes avantages : 1° Comme égaux, les hommes ont tous les mêmes devoirs ; mais le devoir de l'un devient un droit pour l'autre ; 2° comme inégaux, les hommes n'ont encore que des devoirs par rapport à Dieu, mais le devoir du supérieur s'appelle droit par rapport à l'inférieur.

204. — Les droits et les devoirs sont-ils corrélatifs ?

La question est résolue plus haut : par rapport à Dieu, non ; par rapport aux autres hommes, oui ; le devoir de mon semblable, devient, ou s'appelle mon droit sur lui. Il a le devoir de me respecter ; j'ai le droit de me faire respecter. Dans la morale individuelle, il n'y a pas de corrélation.

206. — Qu'est-ce que la vertu ?

Socrate disait que c'est la science : Platon, l'harmonie ; Kant, l'obéissance à la raison ; c'est l'habitude du devoir, comme le vice est l'habitude du contraire. Il y a quatre vertus : la prudence, la tempérance, la force et la justice. Les trois premières perfectionnent nos facultés; la troisième règle nos rapports avec les autres êtres.

207. — Qu'est-ce que le mérite et le démérite?

Le mérite est l'accroissement de l'être moral; le démérite en est la diminution; d'où il résulte que le bien et le mal accomplis laissent des traces indélébiles.

208. — Qu'est-ce que la sanction?

Ce sont les peines ou les récompenses attachées à l'observation ou à la violation de la loi.

209. — Quelles sont les différentes sanctions?

En ce monde : 1° les remords et la satisfaction de la conscience; 2° l'estime ou le mépris public; 3° les peines ou les récompenses que distribue la société. Dans l'autre monde, les peines et les récompenses éternelles.

210. — Peut-on légitimement agir en vue de ces récompenses futures?

Oui : 1° car c'est la fin de l'homme, or, on peut et on doit agir pour arriver à sa fin; 2° les récompenses futures sont Dieu lui-même; pourrait-il être défendu d'agir en vue de s'unir à Dieu? 3° le désintéressement absolu des stoïciens, des kantistes et des quiétistes, est impraticable et mutile la nature humaine.

211. — L'âme est donc immortelle?

Oui; 1° elle est simple, elle ne peut donc

se décomposer comme le corps; 2° elle ne peut s'anéantir, puisque rien ne s'anéantit dans la nature; 3° il règne ici-bas un désordre qui répugne à la justice divine et qui réclame une réparation; 4° nous avons des aspirations vers l'infini qui ne s'expliqueraient pas, si elles ne devaient être satisfaites.

212. — Quelle est la valeur de ces preuves?

Les deux premières regardent l'immortalité de la substance; les dernières, celle de la personnalité humaine, qui est seule en question. Or, 1° rien ne prouve absolument qu'il y ait les désordres que l'on dit; 2° que savons-nous si, dans leur triomphe apparent, les méchants ne sont pas punis, et si les bons, sous leur apparente calamité, ne sont pas récompensés; 3° y a-t-il, en effet, des hommes assez innocents pour mériter une récompense (de Maistre)?

213. — Y a-t-il plusieurs manières d'entendre l'immortalité?

Oui; 1° l'immortalité dans le repos, c'est la véritable; 2° l'immortalité dans le mouvement (métempsycose); 3° l'immortalité de la substance, et non de la personne.

MORALE PARTICULIÈRE

214. — Comment les Anciens classaient-ils les devoirs?

Ils les classaient d'après les quatre vertus (cardinales) qu'ils regardaient comme les sources de l'honnête, savoir : la Prudence, la Justice, la Force et la Tempérance; on les classe aujourd'hui en devoirs envers Dieu, envers le prochain et envers soi-même. De là, morale religieuse, morale sociale, morale individuelle.

215. — Quels sont nos devoirs envers Dieu ?

Dieu est pour nous créateur, législateur, providence et source de tous biens ; nous devons donc l'adorer, lui obéir, l'aimer et le remercier. L'ensemble de ces devoirs s'appelle la prière, qui, avec le sacrifice, constitue le culte. Il y a le culte intérieur ou de l'âme, le culte extérieur ou du corps, et le culte public ou des hommes en société. Chacun de ces cultes s'appuie sur les mêmes raisons.

216. — Qu'est-ce que la société ?

C'est une réunion d'hommes liés entre eux par différents rapports qui en déterminent la nature. Il y a donc autant de sociétés qu'il y a de rapports possibles. On en compte trois principales : la société domestique, la société civile et la société religieuse. Dans la première, il y a communauté de sang ; dans la seconde, communauté d'organisation; dans la troisième, communauté de croyances. Il va sans dire que ces trois sociétés se fondent les unes dans les autres et que toutes prennent leur origine dans la première. Toute société commence par la famille.

217. — L'homme est-il né pour la société?

Oui : 1° sans elle, il ne pourrait se développer, corps et âme ; 2° il ne pourrait épanouir ni ses sentiments les plus légitimes, ni les vertus les plus simples.

218. — Quels sont les devoirs de l'homme dans la société domestique ?

L'homme dans la famille est époux, père et fils, maître ou domestique. De ces différentes conditions résultent des devoirs différents : 1° époux, l'homme doit à sa compagne, amour, fidélité, complaisance et protection ; père, il doit à ses enfants la subsistance, l'éducation et l'exemple ; fils, il doit à ses parents le respect, l'amour et la reconnaissance ; maître ou domestique, il doit observer fidèlement le contrat de louage.

219. — Que pensez-vous de l'esclavage ?

C'est un fait contre nature. L'homme n'a aucun pouvoir sur l'homme qui, en tant que personne morale, se possède lui-même et nul n'a le droit de lui enlever la liberté nécessaire à l'accomplissement de sa fin. Il est un abus de la force physique qui ne peut créer aucun droit moral. Enfin, Dieu a créé tous les hommes libres, l'esclavage est donc contraire à l'idée de Dieu.

220. — Que faut-il distinguer dans la société civile ?

Trois choses : une forme de gouvernement, une autorité, des administrés ; l'ensemble constitue ce qu'on appelle Patrie.

221. — Quelles sont les formes que peut avoir un gouvernement ?

Trois. Il est monarchique, aristocratique, ou républicain ; mais la forme importe peu ;

elle dépend du tempérament des hommes en société. Elle est bonne ou mauvaise, suivant ceux qui la représentent.

222. — Qu'est-ce que l'autorité dans une société ?

L'autorité est une supériorité qui commande l'obéissance et la vénération. 1° Elle réalise dans la société l'unité; 2° elle maintient les rapports; 3° elle constitue la puissance; 4° elle se divise en pouvoir exécutif, législatif, judiciaire, administratif, militaire, tantôt distincts, tantôt réunis, selon la forme du gouvernement.

223. — Quel est le devoir de l'autorité ?

1° De maintenir l'unité, l'ordre et la puissance, toutes choses pour lesquelles elle est faite; 2° De ne point mettre d'entraves à la fin morale des gouvernés; 3° de la favoriser, au contraire, autant que faire se peut, en leur allégeant les charges et en leur accordant, dans une sage mesure, les libertés civiles et politiques.

224. — Qu'entend-on par la liberté morale, d'action, civile et politique ?

La liberté morale est le pouvoir intérieur de choisir les moyens d'arriver à notre fin : la liberté d'action est la réalisation pour les actes extérieurs de cette liberté morale. La liberté civile est le pouvoir de faire dans la cité les actes de citoyen, comme d'acheter et de vendre, de se marier, de tester, etc.; et la liberté politique est le pouvoir de contribuer à l'administration de l'État comme de nommer ses magistrats, de pouvoir être élu.

225. — Comment se recrute l'autorité ?

1º Par la naissance; 2º par l'élection. Dans ce dernier cas, l'élection est le résultat ou du suffrage de ceux qui, possédant, ont intérêt à la chose publique, ou de tous les citoyens indistinctement (suffrage universel).

226. — Quels sont les devoirs des administrés ?

1º Quand il y a lieu, un vote consciencieux, impartial et dirigé dans l'intérêt public ; 2º l'obéissance à la loi, à moins qu'elle ne soit *évidemment* contraire à la loi morale ; 3º le respect aux dépositaires de l'autorité dans l'exercice de leurs fonctions ; 4º le service militaire dans les temps de danger et le dévouement à la patrie ; 5º la participation aux charges de l'Etat.

227. — Indiquez les éléments de la patrie

L'unité du sol, la communauté de race, d'organisation et surtout d'idées fondamentales. D'où il résulte qu'à mesures que ces éléments diminuent et s'affaiblissent, l'idée de patrie s'affaiblit et diminue dans les esprits, ainsi que l'amour qui lui est dû.

228. — Dites les devoirs de l'homme envers lui-même.

Ils regardent le corps et l'âme. Les premiers sont inutiles à enseigner. Les seconds consistent dans l'obligation de développer autant qu'il le peut, ses trois facultés, la volonté surtout, les deux autres n'étant que des moyens bons ou mauvais suivant sa droiture ou sa malice.

229. — Que pensez-vous du suicide ?

Pour qui croit en Dieu, c'est un crime ; car la vie n'est qu'un prêt dont nous devons lui rendre compte quand et comme il lui plaît. Pour celui qui n'y croit pas, c'est une folie, car c'est se priver, sans compensation, de la seule chose qui ait quelque valeur en ce monde.

230. — Qu'est-ce que le droit naturel ?

C'est l'ensemble des libertés que nous tenons de la nature. Pour le corps, liberté de vivre, de travailler, de posséder, etc. Pour l'âme, liberté de penser, de prier, d'écrire, etc.

231. — Qu'est-ce que le droit positif ?

C'est l'ensemble des libertés que nous tenons de la loi positive. Ce droit est bien plus restreint que le naturel.

ESTHÉTIQUE

232. — Qu'est-ce que l'esthétique ?

C'est la partie de la philosophie qui étudie le beau et les différents moyens de le réaliser par les arts.

233. — Qu'est-ce que le beau ?

Platon le définit : la *splendeur du vrai* ; Saint-Augustin : la *forme de l'unité* ; les modernes : *L'unité jointe à la variété*. Le *rapport entre les concepts de la raison et la puissance de l'imagination* (Kant). Au fond c'est l'*être* se manifestant au cœur de l'homme (sensibilité). Il faut donc que le cœur y soit préparé.

234. — Y a-t-il d'autres conceptions du beau ?

On l'a vu dans l'utile, dans l'agréable, dans le nouveau et l'ancien, dans le grandiose ; toutes définitions fausses ou incomplètes.

235. — Combien d'espèces de beau ?

1° Trois : le beau dans la grandeur ou le *sublime*, le beau dans la variété ou le *joli*, le beau dans l'union de la grandeur et de la variété ou le beau proprement dit ; 2° le beau physique, le beau sensible, le beau moral.

236. — Quel est l'effet du beau ?

En général, l'homme se passionne pour le beau. En particulier, le beau dans la grandeur *dilate*, le beau dans la variété *distrait*, le beau dans l'unité et la variété *concentre*.

237. — Quelles sont les lois du beau ?

1° Il est désintéressé ; 2° Il est sans concept ; 3° c'est une finalité sans fin ; 4° il est universel et nécessaire.

238. — Où se trouve le beau ?

Dans l'esprit et ses œuvres. La matière n'est belle que parce qu'elle porte l'empreinte de l'esprit. Voilà pourquoi l'univers est beau, ainsi que les ouvrages des hommes.

239. — Qu'est-ce que l'art ?

La manifestation d'une idée sous une forme sensible, c'est-à-dire, un *corps* et une *âme*. Il y a donc trois sortes d'arts : 1° les arts manuels ou industriels qui réalisent l'idée du *vrai*; les beaux-arts qui manifestent l'idée du *beau*; l'éducation *(ars artium regimen animarum)* qui exprime l'idée du *bien*. Il suit que selon que l'idéal est plus ou moins élevé, l'art s'élève ou s'abaisse, d'où en fait d'art le *réalisme* et l'*idéalisme*.

240. — Quelles sont les conditions de l'art ?

1° Le travail qui en produit la forme matérielle, ou le *corps*, l'inspiration qui lui donne la vie ou l'âme ; ou encore ; 2° l'imagination qui crée *(génie)*; le goût qui coordonne ; le talent qui réalise ; 3° l'unité, jointe à la variété, ou la variété ramenée à l'unité ; 4° la *moralité* sans laquelle l'art n'est qu'une œuvre inutile ou malsaine.

241. — Qu'est-ce que l'expression ?

C'est le rapport entre l'idéal et sa réalisation.

242. — Qu'est-ce que l'imitation ?

C'est la réalisation de ce qui est, d'après son idéal ; quand cet idéal manque à l'artiste, l'imitation devient servile (*O imitatores, servum pecus*), et l'expression se confond avec la réalité.

243. — Qu'est ce que la fiction ?

C'est l'œuvre de l'imagination, remplaçant l'idéal par une création. Son danger est l'invraisemblance.

244. — Qu'est-ce que l'idéal ?

C'est le beau, sans aucune des imperfections qui accompagnent sa réalisation ; quand au beau absolu, c'est Dieu lui-même réalisant en lui, et d'une manière éminente, toutes les perfections.

MÉTAPHYSIQUE ET THÉODICÉE

245. — Qu'est-ce que la métaphysique ?
La partie de la philosophie qui a pour objet toute question en-dehors du domaine de l'expérience. Elle étudie 1° l'être en général (*ontologie*) ; 2° l'être spirituel fini (*psychologie rationnelle*) ; 3° l'être matériel (*cosmologie*) ; 4° enfin l'être divin et infini (*théodicée* ou *théologie naturelle*).

246. — Donnez une idée de l'Ontologie ?
L'être ne se définit pas. Il est possible, réel ou impossible, potentiel ou actuel, contingent ou nécessaire, déterminé ou indéterminé, substance ou mode, essence ou accident, cause ou effet, fini ou infini, relatif ou absolu, etc.

247. — De quoi traite la psychologie rationnelle ?
1° De la substance spirituelle (voir quest. 82 et suiv.) ; 2° du principe de la vie.

248. — Qu'est-ce que la vie ?
La vie est certainement une force, qui se manifeste par l'activité. Elle suppose trois énergies : un principe *d'expansion*, un principe de *distinction*, un principe *d'assimilation*. Partout où se trouve la vie, il est facile de les constater.

249. — Comment s'explique la vie ?

Par trois hypothèses : l'organicisme, le vitalisme et l'animisme.

250. — Expliquez ces hypothèses ?

1° L'organicisme suppose que la vie est le résultat de l'organisation, qui elle-même résulte d'un concours heureux, mais fortuit de circonstances. Il admet la *génération spontanée* ; 2° le vitalisme suppose une force spéciale distincte des organes et même de la matière ; dans ce système le corps aurait une vie presque distincte de celle de l'âme ; 3° l'animisme met dans l'âme intelligente la vie sensible, organique et spirituelle ; c'est l'opinion la plus probable.

251. — Que comprend la cosmologie ?

Elle s'occupe 1° de la formation du monde ; 2° de la réalité du monde ou *idéalisme*.

252. — Exposez la formation du monde ?

Il y a deux systèmes : *mécanique* et *dynamique* ; 1° les atomistes prétendent que l'univert n'est qu'un aggrégat d'atomes que le hasard compose et décompose ; Decartes dit : donnez-moi de l'étendue et du mouvement, et je ferai le monde (*géométrique*) ; 2° l'école de Zénon soutient que chaque atome de l'univers est essentiellement vivant (*hylozoïsme*) ; Leibnitz veut que le monde soit un composé de forces qu'il appelle *monades*. (Voir l'histoire de la philosophie.)

253. — Parlez de l'Idéalisme ?

1° Berkeley soutient que la matière n'existe pas parce que nous ne la connaissons que par ses qualités premières et secondes qui ne sont point en elle ; 2° David Hume et Stuart Mill ne veulent pas qu'on affirme la matière, puisque par nos moyens de connaître, nous ne percevons que des phénomènes (*phénoménisme*) ; 3° Kant affirme que nous imposons aux phénomènes les lois de notre esprit ; nous n'avons donc pas le droit de prononcer aucun jugement objectif ; 4° Fichte nie même les phénomènes : le monde n'est qu'un développement du *moi* ; 5° Schelling admet à la fois le moi et le non-moi, mais il les confond dans l'*absolu* (identité des contraires) ; 6° enfin Hégel ne veut voir dans les choses d'autre réalité que l'*idée* ou la *pensée*. C'est le dernier mot de l'idéalisme. On remarquera qu'à partir de Kant l'idéalisme se confond avec le panthéisme.

254. — Comment réfuter tous ces systèmes ?

Par un seul mot : la croyance individuelle du genre humain à l'existence de la matière, bien que nous ne la comprenions pas, parce qu'elle est *impénétrable* (V. quest. 52).

255. — Que comprend la théodicée ?

1° Les preuves de l'existence de Dieu ; 2° l'étude de ses attributs ; 3° l'optimisme et le pessimisme ; 4° le panthéisme ; 5° la philosophie de l'inconscient.

256. — Qu'est-ce que Dieu ?

C'est un esprit infini, souverainement un, simple et identique, tout-puissant, omniscient, éternel, et, en un mot, absolument parfait.

257. — Différentes opinions sur Dieu ?

Elles se résument à trois : 1° Dieu est une intelligence souverainement parfaite, et distincte de l'univers : c'est la doctrine la plus répandue ; 2° Dieu se confond avec l'univers : c'est le Panthéisme ; 3° il n'y a pas de Dieu, c'est l'Athéisme.

258. — Dieu existe-t-il réellement ?

Oui, ce dogme est démontré par trois sortes de preuves : physiques, morales et métaphysiques.

259. — Quelles sont les preuves physiques ?

1° Il y a de l'ordre dans l'univers, c'est-à-dire multiplicité, diversité, similitude et unité ; or l'ordre suppose une intelligence ordonnatrice ; 2° il n'y a que des êtres contingents ; donc il y a un être nécessaire qui a provoqué leur existence ; 3° il y a du mouvement ; donc il y a un premier moteur, etc. ; ces preuves s'appellent encore par les *causes finales*, c'est-à-dire par les fins pour lesquelles l'univers est créé, qui supposent des moyens et par conséquent une intelligence qui a voulu les unes et adopté les autres. Qu'on ne dise pas que l'intelligence n'a fait qu'approprier tout à son usage ; alors l'intelligence a une fin, et la thèse est prouvée ; et puis à qui fera-t-on croire que l'oiseau n'a pas des ailes pour voler ; mais qu'il vole parce qu'il a des ailes, etc.

260. — Quelles sont les preuves morales?

1° Tous les hommes, dans tous les temps et dans tous les lieux, ont cru en Dieu ; ils ont pu se tromper sur sa nature, ils n'ont jamais varié sur son existence ; il faut donc qu'un fait aussi unanime ait la vérité pour origine ; 2° D'ailleurs l'homme a une tendance invincible à réclamer l'appui de Dieu dans le malheur, et à le remercier dans la prospérité.

261. — Quelles sont les preuves métaphysiques ?

Nous avons les idées de l'*infini*, de la *perfection*, du *beau*, du *vrai*, du *bon*, etc. Or, ces idées ne viennent pas de l'Univers, qui ne présente rien de semblable ; elles ne viennent pas non plus de nous-mêmes qui sommes bornés, imparfaits, etc., elles doivent donc se réaliser dans un Dieu qui en est la substance et qui se réflète en nous comme dans un miroir.

ATTRIBUTS

262. — Quels sont les attributs de Dieu?

Les uns sont métaphysiques ou absolus ; les autres moraux ou se rapportant à l'univers. Les attributs métaphysiques sont : l'unité, la simplicité, l'immutabilité, l'immensité, l'éternité. Les attributs moraux sont la justice, la miséricorde, la puissance, la liberté, la providence, attributs qui se reflètent tellement dans l'univers, qu'il est impossible de les méconnaître.

263. — Prouvez les attributs métaphysiques ?

1° Dieu est *un*, car deux infinis ne sauraient subsister ensemble ; 2° Dieu est simple, car s'il était composé de parties, ou toutes les parties seraient Dieu, et il y en aurait plusieurs, ce qui est impossible ; ou une seule, et alors les autres ne seraient rien ; 3° Dieu est immuable, car s'il changeait, ce serait ou pour être mieux, il n'était donc pas parfait ; ou pour être moins bien, il ne le serait donc plus ; 4° Dieu est immense, il sait tout et il peut tout. C'est là la véritable immensité. L'espace n'existe donc pas ; c'est une idée abstraite, relative à la création, comme le temps, qu'on peut définir la durée de la créature ; 5° Dieu est éternel, car n'ayant pas eu de commencement, il ne peut avoir de fin. Or, il ne peut avoir de commencement ; car autrement comment aurait-il commencé à être ? 6° Quant à la création, elle est dans le temps, l'éternité étant la durée du Créateur. Si l'on demande si elle a eu un commencement, la question est insoluble. Dieu seul s'en est réservé le secret.

264. — Prouvez les attributs moraux ?

Les seuls en cause sont la liberté et la providence : 1° Dieu est libre, car qui pourrait le nécessiter ou le contraindre ? 2° la providence, c'est-à-dire l'action permanente de Dieu dans l'univers et dans les affaires humaines, se prouve ainsi : 1° tout dans ce monde n'a qu'une existence d'emprunt ; il faut donc que Dieu persévère à vouloir cette existence pour qu'elle subsiste ; c'est là précisément la providence ; 2° on accordera bien à Dieu une qualité que l'on trouve dans la créature ; or, l'homme ne se contente pas de donner le jour à un enfant, il l'entoure encore de ses soins et de sa prévoyance.

265. — Quelles sont les objections que l'on fait contre la providence ?

On objecte : 1° le mal métaphysique; 2° le mal physique ; 3° le mal moral. Voici comment on peut résoudre ces objections : 1° le mal métaphysique, c'est-à-dire le défaut de la créature, est inhérent à la création, qui, quelle qu'elle soit, ne pourra jamais être parfaite ; 2° le mal physique, c'est-à-dire les maladies, les souffrances, la mort, n'empêchent pas la providence, qui se borne à les permettre. D'abord c'est l'effet de la limitation de la créature ; ensuite, il n'est pas dit qu'elles ne soit pas un bien pour l'homme, qu'elles exercent et qu'elles purifient, qu'elles poussent au progrès; enfin, ne sont-elles pas d'ordinaire le triste apanage du vice ? Pourquoi donc mettre la providence en cause ? Quant au mal moral, c'est l'œuvre de la liberté et non pas de Dieu ; et la liberté, Dieu, je pense, avait bien le droit de la donner à l'homme, en raison des bons effets qu'elle peut produire et qu'elle produit chez les hommes de bien.

266. — Mais cette liberté ne devrait-elle

pas être dans un équilibre parfait entre le bien et le mal ?

Pour qui croit en Dieu, cet équilibre a existé à l'origine ; il a donc été rompu par l'homme. C'est la chute originelle qu'enseigne le christianisme, et que soupçonnait Platon.

267. — Qu'est-ce que l'optimisme ?

C'est l'opinion qui déclare que le monde est *très bon* (optimisme absolu), ou le meilleur des mondes possibles (*relatif*). Il y a l'optimisme de Malebranche : le monde est le meilleur parce que Dieu doit manifester ses attributs le mieux possible ; et l'optimisme de Leibnitz : il est le meilleur parce que Dieu n'a pas de raison suffisante pour faire moins bien.

268. — Que dites-vous de l'optimisme ?

C'est une affirmation insoutenable. Il n'y a pas de monde le meilleur possible, ce serait la perfection. La vérité est que le monde se développe indéfiniment, présentant successivement toutes les richesses de l'intelligence divine, et marchant à la perfection sans espérer y atteindre jamais.

269. — Qu'est-ce que le Pessimisme ?

C'est l'opinion de Schopenhauer et d'Hartmann qui prétendent que tout est mal ici-bas, faisant valoir tour à tour le mal métaphysique, physique et moral. On la réfute comme nous l'avons fait plus haut (question 265).

270. — N'y a-t-il pas un système intermédiaire ?

Oui, l'indifférentisme : il y a autant de bien que de mal. Opinion fausse, parce qu'elle suppose l'équilibre, tandis que le monde marche en progressant.

271. — Qu'est-ce que le panthéisme ?

L'opinion qui prétend que tout est Dieu ou que Dieu est tout. Il est objectif, comme celui de Spinosa, ou subjectif, comme celui d'Hegel, de Taine, de Vacherot, etc. (Voir pour l'exposition le manuel d'Histoire de la philosophie.)

272. — Qu'est-ce que la philosophie de l'inconscient ?

C'est la philosophie qui prétend que l'univers n'est que le développement nécessaire d'un premier principe impersonnel et inconscient. Il se rattache au pessimisme et il appartient aux mêmes auteurs.

273. — Que peut-on en dire ?

Qu'il est absurde de vouloir tirer la conscience de l'inconscient, l'intelligence de l'inintelligent, et la personnalité de l'impersonnel.

APPENDICE

ÉCONOMIE POLITIQUE

274. — Qu'est-ce que l'économie politique?

La science qui étudie la richesse, sa production, sa circulation et distribution, sa consommation, et toutes les autres questions qui en dépendent.

275. — Qu'est-ce que la richesse?

1° La vraie richesse de l'homme, ce sont ses facultés; 2° c'est l'exercice de ces facultés, ou le travail; 3° c'est enfin le résultat de cet exercice ou de ce travail, c'est-à-dire l'épargne.

276. — Quels sont les agents de la richesse?

1° La terre, et tout ce qui vient de la terre, qu'on appelle matières premières; 2° l'épargne accumulée, qui prend le nom de capital; 3° le travail direct ou indirect (par les machines) de l'homme qui donne aux deux premiers la vie et la fécondité.

277. — Qu'est-ce que la propriété?

C'est ce qui appartient à chacun, ses facultés, son travail, son épargne, son capital, la terre enfin, qu'il est juste qu'on possède *en propre*, quand on l'a fécondée de ses *propres* sueurs.

278. — Sur quoi repose la propriété?

1° Sur un instinct des plus énergiques et qui se manifeste dès les premières années; 2° sur la justice, comme on vient de le voir; 3° sur la nécessité de donner un aliment à l'activité humaine qui serait paralysée, si elle n'était soutenue par l'espérance de la propriété.

279. — Comment circulent les richesses?

1° Tout homme est riche, dans le sens rigoureux du mot; mais, dans le sens vulgaire, les richesses sont entre les mains d'un petit nombre qu'on appelle *riches*. Ils sont comme les réservoirs de la société. Des riches, elles descendent sur les pauvres auxquels elles donnent le *nécessaire*, pendant que ceux-ci donnent l'*utile* et l'*agréable*. C'est cet échange perpétuel qui constitue les principaux rapports de la société et entretient la vie et la bonne intelligence parmi tous ses membres; 2° la circulation matérielle se fait par les routes, les canaux, les voies ferrées; plus ces moyens de transport sont nombreux, plus la circulation et le bien-être social sont considérables; 3° la circulation se fait encore par l'échange, la monnaie, le crédit.

280. — Qu'est-ce que l'échange?

C'est le troc d'une production quelconque contre une autre production. Comme si l'on donnait une paire de chaussures pour avoir un habillement. Ce mode est primitif, il ne fut pas longtemps en usage.

281. — Qu'est-ce que la monnaie?

C'est la représentation, sous une forme commode et facile à transporter, de tout objet échangé. Elle doit être de métal précieux, inaltérable, porter une empreinte et d'une forme commode.

282. — Qu'est-ce que le crédit ?

C'est la confiance avec laquelle on livre un objet sans échange immédiat ; elle est fondée sur l'honnêteté et la croyance en un capital équivalent. Le crédit se constate par les billets de banque, le papier monnaie, les billets à ordre, les lettres de change, les warrants et les chèques.

283. — Comment se distribue la richesse ?

A l'ouvrier, par le *salaire* ; au capital meuble, l'intérêt ; au capital immeuble, le loyer ; au commanditaire, le profit ; à l'entrepreneur, le bénéfice ; le tout est soumis à la loi de *l'offre et de la demande*.

284. — Expliquez cette loi ?

La valeur d'un objet augmente ou diminue selon qu'il est plus demandé ou plus offert.

285. — Qu'est-ce que le salaire ?

C'est l'équivalent en numéraire ou en productions naturelles du travail. Le taux du salaire dépend : 1° de la difficulté du travail ; 2° du capital et du temps dépensés ; 3° des dangers courus ; 4° de la rareté du talent ; 5° des responsabilités que l'on encourt à faire ce travail ; 6° de la loi de l'offre et de la demande.

286. — Qu'est-ce que l'intérêt ?

C'est la compensation que l'on donne à celui qui prête son capital au lieu de l'utiliser lui-même. Il est clair que rien n'est plus légitime, le capital étant, comme nous l'avons dit, un agent de la production.

287. — L'Etat intervient-il dans la circulation et la distribution de la richesse?

L'Etat réglemente d'après les règles de l'équité. Il y a trois systèmes : le *protecteur*, le *libre échange* et le système *prohibitioniste*. Ce dernier est abandonné. Le premier favorise le producteur; et le second, le consommateur.

288. — Comment se consomme la richesse?

Par la dépense. La dépense est productive, quand par là on se procure un agent de la richesse; elle est improductive, quand elle ne sert qu'à acquérir des objets eux-mêmes improductifs, tableaux, statues, etc. Cependant absolument parlant, toute dépense est productive, elle produit en effet le *nécessaire*, *l'utile* ou *l'agréable*.

289. — Qu'est-ce que le luxe?

C'est tout l'agréable que peut procurer la richesse. Le luxe est légitime puisque c'est par l'agréable que le pauvre donne au riche que celui-ci lui donne le nécessaire. D'ailleurs le luxe a des degrés infinis et le premier commence immédiatement après le nécessaire.

290. — Quelles sont les dépenses de l'Etat?

1° Il faut qu'il assure les services publics ; 2° qu'il entretienne une armée toujours prête à repousser les ennemis du dehors et du dedans ; qu'il pourvoie à l'entretien des routes, à la construction des monuments nécessaires, utiles ou agréables, etc.

291. — Quels sont les ressources de l'État ?

L'impôt et les emprunts. 1° L'impôt est l'ensemble des *contributions* fournies par chaque citoyen précisément pour subvenir aux charges de l'Etat ; elles sont *directes* quand elles atteignent directement les personnes ou la propriété, *indirectes*, quand elles sont prélevées sur les objets de consommation. L'état des recettes et des dépenses, s'appelle *budget*; 2° l'emprunt est un appel à la fortune des particuliers. Il diffère de l'emprunt ordinaire en ce que dans celui-ci l'emprunteur paye les intérêts et rend le capital ; dans celui-là, l'Etat ne fait que payer les intérêts, sans jamais rembourser le capital, à moins de conventions contraires.

292. — Qu'est-ce que le communisme ?

Un système qui voudrait mettre tous les biens en *commun*. Il se divise en *égalitaire*, répartition égale entre tous les citoyens, et *collectiviste* : l'Etat propriétaire et distribuant la richesse selon les efforts et les capacités de chacun. Le premier est impossible, le second serait la plus dure et la plus humiliante des servitudes, et puis de quel droit certains individus s'improviseraient-ils Etat, c'est-à-dire *distributeurs ?*

FIN

TYPOGRAPHIE A. ANCIAUX, A CHARLEVILLE.

i

www.ingramcontent.com/pod-product-compliance
Lightning Source LLC
LaVergne TN
LVHW050617090426
835512LV00008B/1528